AF585797

Programme des concerts
de Richard Wagner
à Paris (Théâtre italien)
les 25 janvier, 1 et 8 février 1860

CONCERT

DE

RICHARD WAGNER

Dans l'impossibilité de faire entendre en entier ses opéras, l'auteur se permet d'offrir au public quelques lignes d'explications, qui lui feront mieux comprendre le sens des morceaux détachés qu'il lui soumet aujourd'hui.

PARIS
IMPRIMERIE DE D'AUBUSSON ET KUGELMANN
13, Rue Grange-Batelière, 13.

1860

LE VAISSEAU-FANTOME

(OUVERTURE)

La légende du VAISSEAU-FANTÔME est d'une extrême simplicité :

Un hardi capitaine hollandais a juré de franchir ce terrible cap des Tempêtes, qu'un navigateur plus heureux devait appeler plus tard le cap de Bonne-Espérance ; mais, chaque fois qu'il tente l'aventure, il est repoussé par l'ouragan. « Je passerai, s'écrie-t-il, cette infranchissable barrière, dussé-je lutter toute l'éternité. » — Satan le prend au mot, et le malheureux capitaine, condamné à une lutte sans fin, est ballotté de tempête en tempête, sans rémission ni trêve. L'idée chrétienne a introduit l'élément de rédemption dans cette funèbre histoire : si le capitaine, qui mettra pied à terre tous les sept ans, rencontre une femme fidèle, il sera sauvé ! Cependant, une jeune fille attend celui qu'elle a vu en rêve, et dont elle a entendu raconter l'histoire. Elle se garde pour lui, et, quand il la rencontre dans une de ses heures de trêve, il oublie dans les joies du ciel la malédiction de Satan. Il est sauvé.

L'ouverture du VAISSEAU-FANTÔME est, d'un bout à l'autre, le développement de la légende. C'est d'abord la lutte du vaisseau maudit contre l'orage qui éclate. Pour échapper à la fatalité qui le poursuit, le damné jette son navire au milieu des écueils... les écueils le respectent ; la mer ne veut pas de lui. Il entend des chants de fête : c'est l'équipage d'un vaisseau voisin qui chante les douceurs de la patrie retrouvée. Il se précipite furieux, égaré... Ces hommes qu'il menace fuient en tremblant, et se signent devant le maudit.

A ce moment une lumière brille dans la nuit. C'est une étoile qui s'éteint et flamboye tour à tour. Malgré les vagues déchaînées, il se dirige vers elle. C'est là-bas que veille celle dont l'amour doit le racheter de la damnation. L'orage augmente ; son vaisseau se brise et disparaît; mais il échappe à la nage, il touche terre, il est près de celle qui l'attend et qui lui garde le salut.

TANNHÆUSER

—

I

ENTRÉE SOLENNELLE DES CONVIÉS AU WARTBURG

Les trompettes annoncent l'arrivée des premiers invités à la porte du Wartburg ; ils viennent assister à un grand tournoi de chanteurs, auquel le landgrave les convie. Le maréchal du palais arrive à la tête des hérauts et reçoit les arrivants. Les invités, comtes et nobles de Thuringe, accompagnés de leurs femmes et suivis d'écuyers, s'avancent tour à tour. Tandis qu'ils s'assoient en cercle aux places marquées par les pages, et qu'ils regardent à leur tour l'entrée de ceux qui arrivent, avec une impatience mêlée de joie, ils entonnent un chant en l'honneur du prince chevaleresque et ami des arts qui préside à cette réunion.

CHOEUR.

Honneur à vous, hospitalité sainte !
La paix, les arts habitent cette enceinte.
Voûte sacrée, écoutez-nous !
O prince de Thuringe, Hermann, honneur à vous !

Les trompettes annoncent de nouveau de riches cortèges de conviés ; un air plus tendre signale l'arrivée des chanteurs eux-mêmes. La harpe à la main, l'épée au côté, en habits de fête, ils s'inclinent devant la noble assistance. Des pages tirent au sort, dans une coupe d'or, les rangs et les places des nouveaux hôtes ; ils s'y rendent aux acclamations de l'assemblée.

Nous venons de voir le moyen âge sous sa forme chevaleresque et gracieuse. Dans le morceau qui suit, nous allons le retrouver sous son aspect menaçant et terrible.

II

PELERINAGE DU TANNHÆUSER A ROME

ET CHOEUR DES PELERINS

Tannhæuser s'est trahi dans le tournoi des chanteurs ; il a révélé son séjour au Vénusberg, dans les bras de la Déesse. Les supplications d'Elisabeth l'ont sauvé du glaive des assistants indignés ; elle a demandé sa vie, et les chevaliers, touchés de ses prières, ont imposé au Tannhæuser l'obligation d'aller à Rome assister à la fête du Jubilé, et demander l'absolution de son sacrilège.

C'est l'histoire même de ce pélerinage que décrit l'introduction musicale du troisième acte.

Dès le commencement du morceau, on entend le chant pieux de la troupe fidèle qui part pour Rome ; les dernières bénédictions d'Élisabeth s'y mêlent encore. Tannhæuser ne s'unit pas au chœur ; il marche seul, recherchant les sentiers difficiles... Soudain la ville éternelle apparaît aux yeux des voyageurs. Tous s'inclinent avec une joie pieuse devant la maison du Seigneur. Des hauteurs du dôme éclairé des premiers feux du matin, des sons célestes arrivent aux pèlerins en prière, qui répètent en balbutiant les saints accents.

Au moment où le jour éclate dans sa splendeur, la porte de l'église s'ouvre. Le Saint-Père, entouré d'une pompe merveilleuse, paraît sur les degrés de la cathédrale. Il promet à tous ceux qui sont venus à la maison du Seigneur le salut et la rémission des péchés. La foule remercie à grands cris. Tannhæuser, à son tour, s'approche de lui ; humble, et le cœur rempli d'une contrition ardente, il confesse sa faute, et supplie son juge de le délivrer des flammes de l'amour impie que Venus a allumé dans son sein. Malgré les supplications du pénitent, le Saint-Père est inflexible ; il jette l'anathème au pécheur et le voue à l'éternelle damnation. Tannhæuser perd le sentiment et tombe à la renverse. Il entend encore retentir vaguement les chants du salut ; il reste sans connaissance jusqu'au crépuscule. A ce moment, une douce lumière, semblable au rayon de l'étoile du soir, luit dans la nuit du pauvre abandonné. Un œil ami veille sur celui que le monde entier repousse ; Élisabeth, dans sa solitude douloureuse, trouve assez de force encore pour demander à Dieu le pardon de celui qui l'a trahie.

On entend le chant des pèlerins de retour, qui se rapproche peu à peu ; ils célèbrent dans une allégresse pieuse le salut qu'ils viennent de conquérir et qu'ils voudraient maintenant partager avec tous les pécheurs :

CHŒUR DES PÉLERINS.

Le cœur joyeux, je reviens, ô patrie !
Je vous salue, ô fleurs de la prairie ;
Et je puis déposer le bâton du chemin,
J'ai rempli jusqu'au bout mon vœu de pélerin.
Mes cris de repentir ont calmé ta colère,
Seigneur, à qui mon âme appartient tout entière,
Et mon cœur, embrâsé de ton amour divin,
Mon cœur monte vers toi dans des hymnes sans fin.
C'est ton pardon descendu sur nos têtes
Qui nous appelle aux éternelles fêtes !
De la mort, de l'enfer, affranchis à jamais,
Seigneur, nous attendons le séjour de la paix.
Alleluia ! alleluia !

III

VENUSBERG

(OUVERTURE)

L'ouverture débute par le chant des pélerins ; il s'approche, grandit, éclate, puis s'éloigne. Crépuscule ; derniers accents du chœur. La nuit est venue ; des apparitions mystérieuses se manifestent ; des sons de volupté joyeuse arrivent à notre oreille ; on devine les mouvements confus d'une danse lascive. Ce sont les enchantements du *Venusberg* qui se montrent, aux heures de la nuit, à ceux qui osent les désirer et les poursuivre. Un homme s'approche : c'est Tannhæuser, le chantre de l'amour. Il entonne le chant de triomphe de l'amour, joyeux et provoquant, comme pour forcer à venir à lui tous les voluptueux prodiges. On lui répond avec une joie sauvage ; dans le crépuscule, qui se répand autour de lui, il entend une voix qui lui promet la satisfaction de ses plus ardents désirs. C'est Venus elle-même qui lui est apparue; son cœur et ses sens s'enflamment ; poussé par une force irrésistible, il arrive jusqu'à la déesse elle-même avec ses chants d'amour qu'il porte en son honneur jusqu'au plus brûlant enthousiasme. Les miracles du Venusberg se découvrent alors dans toute leur splendeur; puis on entend comme les mugissements de la troupe sauvage. Enfin, la tempête s'apaise. L'air n'est plus troublé que par un murmure voluptueux...

Cependant, le matin reparaît; on entend le chant des pèlerins qui se rapproche. Et à mesure qu'il devient plus distinct, ce frisson, ce murmure de l'air que nous avons entendu tout à l'heure, change de caractère ; le chant vague des Syrènes se mêle peu à peu au chant puissant des pèlerins. C'est le Venusberg délivré de la malédiction païenne. C'est la vie matérielle s'unissant à la vie de l'âme pour chanter la gloire de Dieu !

TRISTAN ET ISOLDE

(INTRODUCTION INSTRUMENTALE)

L'histoire amoureuse de Tristan et d'Isolde est un vieux poème, qui semble éternellement jeune et qui a été traduit dans toutes les langues du moyen âge.

Tristan, qui a épousé Isolde au nom de son roi, est déjà amoureux d'elle, mais réprime cette passion déloyale. Un philtre qu'ils boivent tous deux par méprise leur fait tout oublier. Ils s'avouent leur amour mutuel, insensibles désormais à toute gloire, au sentiment de la foi jurée, à l'amitié, à l'honneur. Ils se plongent dans cette passion dévorante sans rien voir autour d'eux.

C'est cet amour timide d'abord, puis plus hardi, plus violent, et enfin désordonné que l'auteur a essayé de rendre dans l'introduction de son opéra. Après avoir montré ces désirs, ces joies, ces tortures, ces âmes cherchant en vain ici-bas les satisfactions de l'amour sans fin, il les représente anéanties, épuisées, jusqu'à l'heure où elles se relèvent dans une espérance commune et prochaine : la délivrance, la mort!

LOHENGRIN

I

LE SAINT-GRAAL

Le Saint-Graal était la coupe dans laquelle le Sauveur avait bu à la dernière Cène et où Joseph d'Arimathie avait reçu le sang du crucifié. La tradition raconte que le vase sacré avait été une fois déjà retiré aux hommes indignes, mais que Dieu avait décidé de le remettre aux mains de quelques privilégiés qui, par leur pureté d'âme, par la sainteté de leur vie, avaient mérité cet honneur. C'est le retour de Saint-Graal sur la montagne des saints chevaliers, au milieu d'une troupe d'anges, que l'introduction du *Lohengrin* a tenté d'exprimer.

Dès les premières mesures, l'âme du pieux solitaire qui attend le vase sacré plonge dans les espaces infinis. Il voit se former peu à peu une apparition étrange, qui prend un corps, une figure. Cette apparition se précise davantage, et la troupe miraculeuse des anges, portant au milieu d'eux la coupe sacrée, passe devant lui. Le saint cortége approche; le cœur de l'élu de Dieu s'exalte peu à peu; il s'élargit, il se dilate; d'ineffables aspirations s'éveillent en lui; il cède à une béatitude croissante, en se trouvant toujours plus rapproché de la lumineuse apparition, et quand enfin le Saint-Graal lui-même apparaît au milieu du cortége sacré, il s'abîme dans une adoration extatique, comme si le monde entier eût soudainement disparu.

Cependant, le Saint-Graal répand ses bénédictions sur le saint en prière et le consacre son chevalier. Puis les flammes brûlantes adoucissent progressivement leur éclat; dans sa sainte allégresse, la troupe des anges, souriant à la terre qu'elle abandonne, regagne les célestes hauteurs. Elle a laissé le Saint-Graal à la garde des hommes purs, dans le cœur desquels la divine liqueur s'est répandue, et l'auguste troupe s'évanouit dans les profondeurs de l'espace, de la même manière qu'elle en était sortie.

II

RÉVEIL DU MATIN

ET MARCHE DES FIANÇAILLES

Le jeune chevalier du Graal, Lohengrin, est entré dans le monde. Il a sauvé de la mort une jeune fille faussement accusée, et pour laquelle il a subi triomphalement l'épreuve du *Jugement de Dieu*. Son cœur s'est pris d'un grand amour pour la touchante Elsa; il veut passer sa vie près d'elle. Le jour qui naît doit voir le jeune couple s'unir dans la cathédrale.

La scène se passe à Anvers. Le soleil se lève. Les trompettes sonnent le réveil du matin. On répond de loin. La scène s'anime peu à peu. Les hérauts du roi sortent du château en appelant les nobles. Des groupes de femmes et d'enfants se forment devant la cathédrale; on s'y entretient de l'événement du jour.

Cependant des pages apparaissent sur la terrasse ; de là descendent devant le palais, en criant à la foule :

Faites place à Elsa, notre dame.
Qui monte au temple, devant Dieu !

Les pages font un large passage dans les groupes, qui s'écartent sans résistance; ils dégagent les degrés de la cathédrale, sur lesquels ils prennent place. Un long cortége de femmes descend devant le palais, puis sur le devant de la scène, pour gagner la cathédrale. Elsa paraît la dernière. Les hommes, la voyant passer, se découvrent et la saluent, à voix basse d'abord, par d'enthousiastes acclamations.

CHŒUR D'HOMMES *pendant le défilé :*

Elsa vient et s'avance
Vers les cieux entr'ouverts;
Que Dieu la récompense
Des maux qu'elle a soufferts !
C'est elle ! au fond de son âme
Brûle une pudique flamme !
Honneur à toi ! Vive Elsa de Brabant !

Les trompettes font entendre leur appel du haut des tours; on entend les orgues jouer dans l'église, lorsqu'Elsa a gravi les degrés.

III

MUSIQUE DE NOCES, A EPITHALAME

(INTRODUCTION INSTRUMENTALE DU TROISIEME ACTE)

Danses bruyantes pour la fête du mariage ; au milieu de l'ivresse joyeuse, les louanges du héros éclatent avec bruit ; sur un mode plus tendre, on chante aussi celle dont la grâce a gagné tous les cœurs. Ce chant alterne avec le joyeux tumulte du festin. La fête s'arrête un instant quand, au chant de l'épithalame, le couple heureux se sépare de la bruyante assistance :

HOMMES ET FEMMES.

Conduits par nous,
Approchez-vous.
L'amour vous guide, heureux époux !
O noble cœur,
Sainte candeur,
Unissez-vous, c'est l'instant du bonheur !
Gloire et vaillance,
Entrez, entrez !
Douce innocence,
Entrez, entrez !
Retirez-vous loin du bruit de nos fêtes,
Livrez vos cœurs aux délices secrètes ;
La porte s'ouvre, et l'air est embaumé
Du bonheur pur promis au bien-aimé !

Des pages et des femmes débarrassent Lohengrin et Elsa de leurs riches manteaux. Pendant ce temps, huit femmes tournent lentement autour du jeune couple.

CHOEUR DE HUIT FEMMES.

Ah ! que le ciel enchante,
Amis, votre destin !
De votre longue attente
Voici venir la fin !

Le roi serre dans ses bras Elsa et Lohengrin, et les bénit. Les pages donnent le signal de la retraite. Le cortége défile devant le couple, en reprenant l'épithalame :

Conduits par nous,
Approchez-vous, etc.

Les hôtes ont laissé les deux amants à leur joie silencieuse ; ils ont regagné les salles, où éclatent de nouveau les joies de la fête.

www.ingramcontent.com/pod-product-compliance
Lightning Source LLC
LaVergne TN
LVHW012015170826
845678LV00004BA/1508

* 9 7 8 2 3 2 9 6 1 8 6 1 6 *